Estimados padres:

¡Bienvenidos a la serie Lector de Schol[...]
de más de 80 años con maestros, padre[...]
para diseñar un programa acorde con los temas de interés y las
destrezas de su hijo/a.

Nivel 1—Cuentos breves con oraciones cortas y palabras que
su hijo/a puede deletrear utilizando sus destrezas fonéticas.
Incluye palabras que es importante recordar.

Nivel 2—Cuentos con oraciones más largas y palabras con
las que su hijo/a debe familiarizarse y palabras nuevas que le
encantará aprender.

Nivel 3—Libros con oraciones y párrafos más extensos que
contienen fragmentos de texto rico en vocabulario.

Nivel 4—Los primeros libros en capítulos con más palabras y
menos ilustraciones.

Es importante que los niños aprendan a leer correctamente para
triunfar en la escuela y en la vida. Aquí les ofrecemos algunas
ideas para leer este libro con su hijo/a:

- Hojeen el libro juntos. Anime a su hijo/a a leer el título y
  predecir el contenido del cuento.
- Lean el libro juntos. Anime a su hijo/a a deletrear las palabras
  cuando sea necesario. Si le resulta difícil leer alguna palabra,
  léasela usted.
- Pídale que le cuente el cuento con sus propias palabras. Esa es
  una buena manera de verificar si ha comprendido.

El objetivo de los libros de la serie Lector de Scholastic es apoyar
los esfuerzos de su hijo/a para aprender a leer a cualquier edad y
en cualquier etapa. Disfrute enseñando a su hijo/a a aprender a
leer e incúlquele amor a la lectura.

— **Francie Alexander**
Directora Académica
Scholastic Inc.

Srta. Frizzle

Liz

Escrito por Kristin Earhart
Ilustrado por Carolyn Bracken

Basado en los libros de *El autobús mágico*®
escritos por Joanna Cole e ilustrados por Bruce Degen

La autora y el editor quieren agradecer a Jonathan D. W. Kahl, Profesor de Ciencia Atmosférica de la Universidad de Wisconsin-Milwaukee por su experto asesoramiento para preparar este libro.

Originally published in English as *The Magic School Bus*® *Weathers the Storm*

Translated by Eida de la Vega

ISBN 978-0-545-56776-3

12 11 10 9 8 7 6 5   14 15 16 17 18/0

Designed by Rick DeMonico

Printed in the U.S.A.   40

First Spanish printing, September 2013

El autobús mágico® en medio de la tormenta

Arnold   Ralphie   Keesha   Phoebe   Carlos   Tim   Wanda   Dorothy Ann

SCHOLASTIC INC.

Es divertido estar en la clase de la Srta. Frizzle. Su ropa y sus zapatos son muy graciosos. Y además hacemos excursiones en el autobús mágico.

5

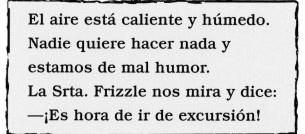

El aire está caliente y húmedo.
Nadie quiere hacer nada y
estamos de mal humor.
La Srta. Frizzle nos mira y dice:
—¡Es hora de ir de excursión!

¡AL AUTOBÚS!

¡CÓMO CAMBIA EL TIEMPO!
por Phoebe

El tiempo puede estar
caliente o frío. Puede
estar soleado, nublado o
ventoso. Puede caer lluvia
o nieve. A veces, caen
unas bolitas de hielo que
se llaman granizo.

Afuera, todavía está caliente y húmedo.
Pero el cielo es de un color azul claro.
—No va a llover —le dice Keesha a Tim.

MIRA, NO HAY NUBES.

9

De pronto, nos hacemos pequeñitos.
Tenemos paraguas diminutos.
Empezamos a flotar en el aire.

¡ESTO ME SUBE EL ÁNIMO!

Hace tanto frío que parte del agua se congela. Hay cristales de hielo que se arremolinan y dan vueltas por todas partes. ¡Las gotas de agua también!

TENGO LA CABEZA EN LAS NUBES.

¡Y YO LA CABEZA Y LOS PIES!

¡ES EL GLOBO METEOROLÓGICO MÁGICO!

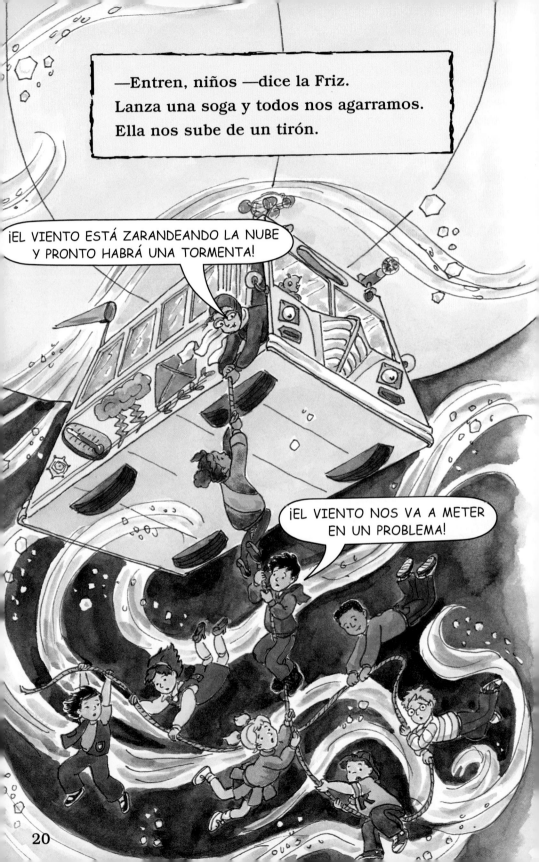

—Entren, niños —dice la Friz.

Lanza una soga y todos nos agarramos.

Ella nos sube de un tirón.

Estamos a salvo en el globo meteorológico.
El globo desciende por la nube.
El aire se siente raro.

NIÑOS, PRONTO VAMOS A VER UNOS DESTELLOS.

PREFIERO EL CLIMA ABURRIDO Y LAS EXCURSIONES ABURRIDAS.

LA FORMA DE UNA NUBE DE TORMENTA

Justo entonces vemos un destello dirigiéndose
al suelo. ¡Es un relámpago!
—Los relámpagos están llenos de energía
—dice la Friz—. Emiten luz, calor y mucho ruido.

De pronto, se abre el suelo del globo meteorológico y empezamos a caer.

25

Cuando nuestras gotas aterrizan,
oímos el sonido de una bocina.
De inmediato, nos montamos en
el autobús.

29

Hemos regresado a la escuela.
El pluviómetro está lleno.
Tim está contento. Y nosotros esperamos
nuestra próxima excursión.

Datos increíbles

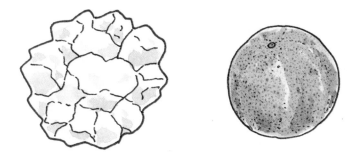

El granizo más grande se encontró
en Aurora, Nebraska, el 22 de junio de 2003. Medía
7 pulgadas de ancho: ¡más grande que un melón!

En la Florida ocurren más de 100 tormentas eléctricas
al año.

El Empire State Building recibe cerca de 100 impactos de
relámpagos al año. Un pararrayos protege el edificio,
controlando los rayos, el calor y la energía.

Una tormenta eléctrica grande puede producir suficiente
energía eléctrica para encender todas las luces de un
pueblo pequeño, ¡incluso las de la escuela!

PRONÓSTICO HUMORÍSTICO DE CARLOS

¿EN QUÉ TIPO DE LLUVIA CAE MENOS AGUA?

AGUA CERO.